·01·

BRIOCHE AUX *épices de Noël*

BRIOCHE AUX *épices de Noël*

30 min | 30 min | 3 h | 2 brioches

INGRÉDIENTS

- *200 g de beurre*
- *20 cl de lait*
- *500 g de farine*
- *50 g de sucre en poudre*
- *1 pincée de sel*
- *2 œufs*
- *1 sachet de levure de boulanger ou 20 g de levure fraîche*
- *100 g de sucre roux*
- *1 cuill. à café d'épices à pain d'épice*
- *2 sachets de sucre vanillé*
- *Zeste râpé de 1 orange non traitée*
- *1 jaune d'œuf pour la dorure*
- *Sucre en grains*

1. Coupez 100 g de beurre en cubes et laissez-le à température ambiante.
2. Délayez la levure dans le lait tiède et laissez mousser 15 min. S'il n'y a pas de résultat, recommencez l'opération.
3. Dans le bol du robot, mettez la farine, le sucre en poudre, le sel et mélangez.
4. Ajoutez les œufs un à un, puis le mélange levure et lait, et laissez pétrir 10 min.
5. Ajoutez le beurre coupé en morceaux et continuez à pétrir pendant 5 min. Couvrez d'un torchon et laissez lever 1 h, puis placez la préparation au réfrigérateur pendant encore 1 h.
6. Sur un plan de travail fariné, étalez la pâte en un rectangle de 50 × 40 cm.
7. Faites fondre les 100 g de beurre restant et étalez-le sur toute la surface du rectangle, puis saupoudrez de sucre roux, d'épices à pain d'épice, de sucre vanillé et du zeste de l'orange.
8. Roulez dans la longueur et coupez le boudin en 8 tronçons de même largeur que vous déposerez dans les deux moules à cake, soit 4 tronçons dans chaque moule. Couvrez d'un torchon et laissez lever 1 h.
9. Préchauffez le four à 160 °C.
10. Dorez les brioches au jaune d'œuf, saupoudrez de sucre en grains puis enfournez pour 30 min.
11. À mi-cuisson, couvrez d'une feuille de papier aluminium afin que les brioches ne colorent pas trop.

À la sortie du four, démoulez les brioches et laissez-les refroidir 30 min avant de les servir.

·02·

GÂTEAU AUX *clémentines et cardamome*

GÂTEAU AUX *clémentines et cardamome*

20 min | 50 min | 8 personnes

INGRÉDIENTS

- *2 clémentines bio*
- *150 g de beurre mou*
- *135 g de sucre roux*
- *1 sachet de sucre vanillé*
- *50 g de poudre d'amandes*
- *4 œufs*
- *200 g de farine*
- *1 sachet de levure chimique*
- *1 pincée de sel*
- *1 cuill. à café de cardamome moulue*
- *1 cuill. à soupe de sucre roux*
- *Sucre glace*

1. Préchauffez le four à 180 °C.
2. Lavez les clémentines, râpez les zestes et réservez-les.
3. Pressez les clémentines et réservez le jus.
4. Dans le bol du robot, mélangez le beurre mou, 125 g de sucre roux, le sucre vanillé, la poudre d'amandes et les zestes.
5. Incorporez les œufs un à un.
6. Ajoutez la farine, la levure chimique, le sel, la cardamome et mélangez.
7. Beurrez un moule et versez la préparation.
8. Mettez à cuire 40 à 50 min, vérifiez la cuisson.
9. Faites chauffer le jus de clémentine avec 1 cuillère à soupe de sucre.
10. Dès la sortie du four, piquez une vingtaine de fois le gâteau dans son moule à l'aide d'une pique à brochette en bois et arrosez-le du jus chaud sur toute sa surface.
11. Laissez refroidir 5 min et démoulez sur une grille.
12. Enveloppez le gâteau dans du film alimentaire pour qu'il conserve son moelleux.

Au moment de servir, saupoudrez de sucre glace.

PAIN D'ÉPICE
au miel de châtaignier

PAIN D'ÉPICE
au miel de châtaignier

15 min — 1 h — 8 personnes

INGRÉDIENTS

- *17,5 cl de lait entier*
- *300 g de miel de châtaignier ou de sapin*
- *2 cuill. à café d'épices à pain d'épice*
- *200 g de farine de seigle*
- *50 g de farine de blé blanche*
- *1 pincée de sel*
- *50 g de vergeoise brune ou de cassonade*
- *2 cuill. à café de bicarbonate de soude*
- *10 cl de jus d'orange*
- *Zestes de 1 orange non traitée*
- *10 g d'huile d'olive*

1. Préchauffez le four à 150 °C.
2. Dans une casserole, faites chauffer le lait, le miel, les épices à pain d'épice, juste pour faire fondre le miel.
3. Retirez du feu et laissez tiédir.
4. Dans le bol du robot, mélangez la farine de seigle, la farine de blé, le sel, la vergeoise et le bicarbonate de soude. Ajoutez le mélange lait et miel, le jus d'orange, les zestes, l'huile d'olive et mélangez.
5. Versez la pâte dans un moule à cake et faites cuire 1 h.
6. Vérifiez la cuisson en enfonçant la lame d'un couteau.
7. À la sortie du four, démoulez le pain d'épice et enveloppez-le dans du film alimentaire pour qu'il garde tout son moelleux et son humidité.

· 04 ·

SABLÉS *de Noël*

SABLÉS *de Noël*

15 min | 15 min | 1 h | 30 sablés

INGRÉDIENTS

- *150 g de beurre mou*
- *90 g de sucre glace*
- *1 sachet de sucre vanillé*
- *1 pincée de sel*
- *40 g de poudre d'amandes*
- *1 œuf*
- *250 g de farine*

1. Dans un saladier, mélangez le beurre mou, le sucre glace, le sucre vanillé, le sel et la poudre d'amandes.
2. Ajoutez l'œuf et la farine et mélangez jusqu'à obtenir une pâte lisse.
3. Formez une boule, couvrez-la de film alimentaire et placez-la au froid pendant 1 h.
4. Préchauffez le four à 160 °C.
5. Sur un plan de travail fariné, étalez la pâte sur une épaisseur de 5 mm et découpez des biscuits à l'aide d'un emporte-pièce. Déposez-les sur une plaque de cuisson recouverte de papier sulfurisé.
6. Avec les chutes, reformez une boule et recommencez l'opération.
7. N'hésitez pas à remettre votre pâte au réfrigérateur dès qu'elle est trop molle.
8. Faites cuire les sablés 10 à 15 min.

Une fois que les biscuits ont refroidi, conservez-les dans une boîte hermétique ou une boîte en acier.

Vous pouvez changer le parfum des sablés en ajoutant, au choix, des zestes d'orange ou de citron, du cacao en poudre, de la cannelle, etc.

·05·

BRIOCHES *suédoises*

BRIOCHES *suédoises*

30 min | 15 min | 2 h 30 | 12 brioches

INGRÉDIENTS

Pour la pâte

- 25 cl de lait
- 1 sachet de levure sèche de boulanger
- 80 g de sucre
- 1 œuf
- 500 g de farine
- 1 pincée de sel
- 1 cuill. à café de cardamome moulue
- 80 g de beurre mou

Pour la garniture

- 150 g de beurre mou
- 150 g de vergeoise brune ou de cassonade
- 2 cuill. à café de cannelle moulue

Pour dorer

- 1 jaune d'œuf
- 1 cuill. à soupe de lait

1. Dans le bol du robot, mettez le lait, la levure, le sucre, l'œuf et mélangez.
2. Ajoutez la farine, la pincée de sel et la cardamome, pétrissez pendant 5 min.
3. Mettez le beurre mou coupé en cubes et pétrissez de nouveau pendant 10 min à vitesse moyenne jusqu'à obtenir une pâte lisse et élastique.
4. Formez une boule et disposez-la dans un bol légèrement huilé.
5. Recouvrez d'un torchon propre et laissez lever la pâte pendant 1 h à température ambiante. Placez ensuite la pâte dans le réfrigérateur pendant 1 h.
6. Dans un bol, mélangez le beurre mou, la vergeoise, la cannelle et réservez.
7. Sur un plan de travail fariné, étalez la pâte en un rectangle de 40 × 50 cm. Étalez la garniture de cannelle, cassonade et beurre sur les ⅔ de la longueur de la pâte. Pliez la partie sans garniture vers le milieu puis rabattez l'autre extrémité de la pâte par-dessus comme un portefeuille. Aplatissez-la légèrement et découpez 12 bandes dans la longueur.
8. Prenez une bande, faites deux découpes en commençant à 1 cm du bord afin d'avoir 3 brins et tressez-les. Roulez la bande tressée sur elle-même puis posez-la dans une empreinte à muffins. Répétez la même opération avec les 11 bandes restantes. Si la pâte devient trop collante, placez-la quelques minutes au réfrigérateur.
9. Couvrez d'un torchon propre et laissez lever 30 min.
10. Préchauffez le four à 160 °C.
11. Dorez au jaune d'œuf mélangé avec du lait. Faites cuire pendant 15 min.

COOKIES AU *chocolat noir et cacahuètes*

COOKIES AU *chocolat noir et cacahuètes*

15 min | 9 min | 30 min | 12 cookies

INGRÉDIENTS

- *110 g de beurre mou*
- *40 g de vergeoise blonde*
- *40 g de cassonade*
- *50 g de beurre de cacahuète*
- *1 gros œuf ou 2 petits œufs*
- *1 cuill. à soupe de vanille liquide*
- *220 g de farine*
- *⅔ cuill. à café de bicarbonate de soude*
- *4 g de fleur de sel*
- *100 g de cacahuètes non salées*
- *200 g de chocolat noir en tablette*

1. Dans un bol, battez le beurre mou avec la vergeoise, la cassonade et le beurre de cacahuète. Ajoutez les œufs, la vanille puis mélangez.
2. Mettez la farine, le bicarbonate et la fleur de sel, mélangez sans trop insister.
3. Ajoutez les cacahuètes et les ⅔ du chocolat noir cassé en morceaux.
4. Préchauffez le four à 180 °C.
5. Réservez votre pâte pendant 30 min au réfrigérateur.
6. À l'aide d'une cuillère à glace, formez des boules et disposez-les sur une plaque recouverte de papier cuisson. Parsemez de quelques morceaux de chocolat.
7. Faites cuire 9 min. À la sortie du four, les cookies doivent être encore mous, ils resteront moelleux en refroidissant.

· 07 ·

SPÉCULOOS
à la cannelle

SPÉCULOOS
à la cannelle

30 min | 12 min | 1 min | 30 spéculoos

INGRÉDIENTS

- *500 g de farine*
- *250 g de beurre mou coupé en cubes*
- *225 g de vergeoise brune ou de cassonade*
- *1 cuill. à café de bicarbonate de soude*
- *3 cuill. à soupe de cannelle en poudre*
- *½ cuill. à café de muscade en poudre*
- *½ cuill. à café d'anis en poudre*
- *1 pincée de clou de girofle en poudre*
- *1 cuill. à soupe de chicorée liquide*
- *1 pincée de sel*

1. Dans le bol de votre robot, mettez tous les ingrédients et mélangez. Ajoutez de l'eau à l'aide d'une cuillère à soupe, au fur et à mesure, jusqu'à obtenir une boule de pâte.
2. Divisez la pâte en 4 boules, enveloppez-les dans du film alimentaire et réservez-les au réfrigérateur pendant 1 h.
3. Préchauffez le four à 180 °C.
4. Sur un plan de travail fariné, étalez la pâte sur 4 mm d'épaisseur et découpez des formes au choix.
5. Déposez sur une plaque de cuisson recouverte de papier sulfurisé et mettez à cuire pendant 10 à 12 min suivant le four.
6. Laissez refroidir sur une grille.

Les spéculoos se conserveront plusieurs semaines dans une boîte hermétique.

CHOUQUETTES *intemporelles*

CHOUQUETTES *intemporelles*

20 min | *45 min* | *20 chouquettes*

INGRÉDIENTS

- *25 cl d'eau*
- *80 g de beurre*
- *1 pincée de sel*
- *150 g de farine*
- *4 œufs*
- *1 jaune d'œuf*
- *2 cuill. à soupe de lait*
- *Sucre en grains*

1. Mettez dans une casserole 25 cl d'eau, le beurre coupé en morceaux le sel puis portez à ébullition.
2. Hors du feu, ajoutez la farine en une seule fois et mélangez bien à l'aide d'une cuillère en bois.
3. Remettez la casserole sur feu doux, remuez pendant 5 min jusqu'à ce que la pâte se décolle des parois et formez une boule. Retirez ensuite du feu.
4. Versez la pâte dans un bol et laissez-la refroidir 5 min.
5. Ajoutez les œufs un à un dans le bol en battant énergiquement entre chaque œuf.
6. Disposez votre pâte dans une poche à douille. Si vous n'avez pas de poche à douille, façonnez vos choux à l'aide d'une cuillère à soupe.
7. Préchauffez le four à 160 °C.
8. Sur une plaque de cuisson recouverte de papier sulfurisé, formez des choux de même taille en les disposant en quinconce pour obtenir une cuisson bien homogène.
9. Dorez les choux avec le mélange du jaune d'œuf et du lait, puis saupoudrez de grains de sucre.
10. Faites cuire 45 min.
11. N'ouvrez pas le four pendant la cuisson, au risque de voir vos choux retomber !

TARTE
bourdaloue

TARTE *bourdaloue*

30 min | 1 h | 1 h | 6 personnes

INGRÉDIENTS

Pour les poires pochées

- *300 g de sucre*
- *1 gousse de vanille*
- *1 bâton de cannelle*
- *1 étoile de badiane*
- *4 poires*

Pour la pâte

- *100 g de beurre mou*
- *80 g de sucre glace*
- *200 g de farine*
- *25 g de poudre d'amandes*
- *1 œuf*
- *1 pincée de sel*

Pour la crème d'amandes

- *100 g de beurre mou*
- *100 g de sucre glace*
- *Vanille en poudre*
- *100 g de poudre d'amandes*
- *100 g d'œufs*
- *1 cuill. à soupe de rhum*

1. Commencez par les poires pochées. Dans un faitout, faites bouillir 1,5 l d'eau, le sucre et les épices.
2. Épluchez les poires, puis plongez-les dans le sirop frémissant et laissez-les cuire 20 à 30 min.
3. Une fois cuites, égouttez-les en gardant 20 cl de jus et laissez refroidir.
4. Dans une casserole, faites réduire le sirop de deux tiers, puis laissez refroidir.
5. Préparez votre pâte à l'aide du robot. Mélangez le beurre mou et le sucre glace, puis ajoutez la farine, la poudre d'amandes, l'œuf et le sel, et mélangez à nouveau.
6. Formez une boule et enveloppez-la dans du film alimentaire.
7. Réservez au frais pendant 30 min.
8. Sur un plan de travail fariné, étalez votre pâte puis disposez-la dans votre plat à tarte. Piquez bien à l'aide d'une fourchette et réservez au frais pendant 30 min.
9. Pour la crème d'amandes, à l'aide d'une spatule, crémez le beurre mou, le sucre et la vanille en poudre. Ajoutez la poudre d'amandes et mélangez.
10. Ajoutez vos œufs en 3 fois, mélangez et ajoutez le rhum.
11. Préchauffez le four à 180 °C.
12. Garnissez votre fond de tarte de la crème d'amandes.
13. Coupez les poires en deux, retirez le cœur et émincez chaque demi-poire en gardant les tranches assemblées.
14. Déposez les poires sur la crème d'amandes, saupoudrez d'amandes effilées.
15. Faites cuire pendant 20 à 30 min.

À la sortie du four, nappez de sirop et laissez refroidir.

BISCUITS
granolas au chocolat

· D'APRÈS UNE RECETTE DE BENOÎT MOLIN ·

BISCUITS granolas au chocolat

· D'APRÈS UNE RECETTE DE BENOÎT MOLIN ·

30 min | *15 min* | *1 h* | *20 biscuits*

INGRÉDIENTS

- *100 g de farine semi-complète bio*
- *50 g de farine de châtaigne*
- *50 g de farine blanche*
- *1 cuill. à café de bicarbonate de soude*
- *70 g de sucre roux*
- *1 sachet de sucre vanillé*
- *1 œuf*
- *100 g de beurre*
- *125 g de chocolat au lait*

1. Dans le bol du robot, mélangez les 3 farines et le bicarbonate de soude. Si vous n'avez pas de farine de châtaigne, vous pouvez la remplacer par de la farine blanche.
2. Ajoutez le sucre roux, le sucre vanillé et l'œuf, mélangez.
3. Incorporez le beurre coupé en dés à température ambiante, mélangez jusqu'à obtenir une boule de pâte.
4. Disposez ensuite votre pâte sur un morceau de papier sulfurisé et formez un boudin bien régulier de 6 cm de diamètre. Enveloppez-le dans du film alimentaire et laissez reposer au réfrigérateur pendant au moins 1 h.
5. Préchauffez le four à 180 °C.
6. Sur un plan de travail fariné, déposez le boudin et découpez-le en rondelles de 5 mm d'épaisseur. Déposez les rondelles sur une plaque à pâtisserie recouverte de papier cuisson.
7. Faites cuire 12 à 15 min.
8. À la sortie du four, laissez les sablés refroidir sur une grille.
9. Faites ensuite fondre le chocolat au bain-marie.
10. À l'aide d'une petite cuillère, versez du chocolat sur chaque sablé, étalez-le et posez les biscuits sur une plaque à pâtisserie. Mettez-les au réfrigérateur pour figer le chocolat.

Les biscuits granolas se conserveront plusieurs semaines dans une boîte hermétique.

·11·

BRIOCHE
tressée

BRIOCHE *tressée*

30 min | 30 min | 2 h 45 | 8 personnes

INGRÉDIENTS

- *20 cl de lait*
- *10 cl de fleur d'oranger*
- *60 g de sucre*
- *1 cuill. à café de sel*
- *2 œufs*
- *500 g de farine*
- *25 g de levure fraîche ou 2 sachets de levure de boulanger*
- *100 g de beurre mou*
- *1 jaune d'œuf*
- *Sucre en grains*

1. Dans un verre, faites tiédir au four à micro-ondes le lait et la fleur d'oranger, le tout doit faire 20 cl. Le mélange ne doit pas être chaud.
2. Dans le bol de votre robot muni du crochet à pétrin, mettez le lait aromatisé à la fleur d'oranger, le sucre, le sel et les 2 œufs que vous aurez battus à la fourchette et mélangez.
3. Ajoutez la farine et la levure fraîche en petits morceaux et pétrissez pendant 10 min.
4. Ajoutez petit à petit le beurre mou coupé en petits cubes, en continuant à pétrir pendant 6 min.
5. La pâte va se décoller du bol. Formez une boule. Recouvrez d'un torchon et laissez pousser pendant 1 h dans un four à 30 °C ou 1 h 30 dans une pièce chaude.
6. Une fois levée, réservez votre pâte 1 h au réfrigérateur.
7. Si vous n'avez pas de robot, mélangez le tout dans un cul-de-poule et sur un plan de travail fariné, pétrissez à la main en respectant les indications précédentes. Écrasez la pâte, formez une boule et ainsi de suite. La pâte sera collante, mais elle va progressivement devenir lisse et élastique. N'ajoutez pas de farine sinon votre brioche sera dure et sèche.
8. Divisez la pâte en trois morceaux égaux et formez des boudins de même longueur.
9. Sur une plaque recouverte de papier cuisson, disposez les boudins et tressez la brioche sans trop serrer.
10. Couvrez-la d'un torchon humide et laissez-la pousser 45 min.
11. Préchauffez le four à 160 °C.
12. Dorez la brioche au jaune d'œuf et saupoudrez-la de sucre en grains.
13. Faites cuire 30 min et laissez refroidir.

GÂTEAU *aux pommes*

GÂTEAU aux pommes

15 min — 40 min — 6 personnes

INGRÉDIENTS

- *120 g de beurre*
- *1 pot de yaourt au lait entier*
- *3 pots de farine*
- *1 sachet de levure chimique*
- *1 pot de sucre en poudre*
- *4 œufs*
- *4 pommes*
- *30 g de beurre salé*
- *1 pincée de fleur de sel*

1. Préchauffez d'abord le four à 180 °C.
2. Faites fondre les 120 g de beurre au four à micro-ondes et laissez-le refroidir.
3. Dans le bol de votre robot, mettez le yaourt, la farine, la levure chimique, le sucre et les œufs, mélangez le tout.
4. Ajoutez le beurre fondu et mélangez à nouveau.
5. Pelez et épépinez les pommes, et coupez chacune en 8 quartiers.
6. Versez la moitié de la pâte dans un moule à manqué beurré et déposez la moitié des pommes en rosace.
7. Versez le reste de pâte et déposez les quartiers de pomme restants.
8. Coupez les 30 g de beurre salé en petits morceaux et enfoncez-les dans la pâte entre les pommes.
9. Parsemez de fleur de sel.
10. Faites cuire pendant 35 à 40 min.

·13·

CRÈME *aux œufs de mon enfance*

CRÈME *aux œufs de mon enfance*

15 min — 1 h — 1 h — 12 ramequins

INGRÉDIENTS

Pour le caramel

- *200 g de sucre*

Pour la crème

- *4 œufs entiers*
- *4 jaunes d'œufs*
- *125 g de sucre*
- *50 cl de lait entier*
- *50 cl de crème liquide entière*
- *1 gousse de vanille*

1. Préchauffez d'abord le four à 180 °C.
2. Portez à ébullition le sucre et 50 g d'eau, puis faites cuire à feu doux jusqu'à l'obtention d'un caramel blond.
3. Répartissez le caramel dans des ramequins et laissez durcir.
4. Dans un saladier, mélangez à l'aide d'un fouet les œufs entiers, les jaunes d'œufs et le sucre.
5. Dans une casserole, portez à ébullition le lait, la crème liquide et la gousse de vanille préalablement fendue et grattée.
6. Versez le mélange lait-crème sur les œufs en mélangeant à l'aide d'un fouet. Laissez reposer 10 min, puis versez cette préparation dans les ramequins.
7. Placez-les ensuite dans un plat à gratin que vous remplirez d'eau jusqu'au trois quarts de la hauteur des pots.
8. Mettez à cuire au four pendant 30 min.
9. Vous pouvez obtenir un flan encore plus crémeux avec une cuisson plus douce : à 120 °C pendant 1 h.
10. Laissez refroidir et conservez au réfrigérateur.

PANNA COTTA
à la verveine et compotée d'abricots

PANNA COTTA
à la verveine et compotée d'abricots

30 min | 20 min | 4 h | 4 verrines

INGRÉDIENTS

Pour la panna cotta

- *40 cl de crème liquide entière*
- *10 cl de lait entier*
- *20 feuilles de verveine séchée ou fraîche*
- *3 feuilles de gélatine*
- *40 g de sucre*

Pour la compotée d'abricots

- *12 abricots bien mûrs*
- *1 cuill. à soupe d'huile d'olive*
- *1 gousse de vanille*
- *3 cuill. à soupe de miel*

1. Dans une casserole, faites bouillir la crème et le lait. Éteignez le feu à ébullition et ajoutez les feuilles de verveine séchée ou fraîche.
2. Laissez infuser 30 min.
3. Mettez la gélatine à ramollir dans l'eau froide.
4. Filtrez ensuite la crème, puis remettez-la dans la casserole avec le sucre.
5. À ébullition, stoppez la cuisson et ajoutez la gélatine essorée. Mélangez bien et versez dans 4 verrines.
6. Laissez refroidir avant de placer au réfrigérateur pour un minimum de 4 h.
7. Lavez les abricots et coupez-les en deux, retirez les noyaux.
8. Dans une poêle, versez l'huile d'olive et la gousse de vanille fendue en deux. Ajoutez les abricots et le miel, portez à ébullition tout en mélangeant, baissez le feu et laissez cuire 15 min à feu moyen.
9. Réservez et laissez refroidir.
10. Au moment de servir, ajoutez la compotée d'abricots sur les verrines.
11. Décorez avec une feuille de verveine.

TARTE
au citron meringuée

TARTE au citron meringuée

30 min | 20 min | 4 h | 4 verrines

INGRÉDIENTS

Pour la pâte sablée

- *110 g de beurre mou*
- *100 g de sucre glace*
- *1 pincée de sel*
- *30 g de poudre d'amandes*
- *1 œuf*
- *250 g de farine*

Pour le crémeux au citron

- *2 feuilles de gélatine*
- *10 cl de jus de citron*
- *175 g de sucre*
- *Zestes de 2 citrons bio*
- *4 œufs*
- *150 g de beurre*

Pour la meringue italienne

- *70 g de blancs d'œufs (environ 2 gros œufs)*
- *125 g de sucre en poudre*

1. Pour réaliser la pâte sablée, mélangez dans un bol le beurre mou coupé en cubes, le sucre glace, le sel et la poudre d'amandes. Ajoutez l'œuf, la farine et mélangez jusqu'à former une boule. Enveloppez la pâte dans du film alimentaire et réservez 1 h au réfrigérateur.
2. Étalez la pâte sur un plan de travail fariné puis foncez-la dans le moule.
3. Piquez bien votre fond de tarte à l'aide d'une fourchette et placez-le 1 h au frais.
4. Préchauffez le four à 180 °C.
5. Faites cuire pendant 20 min et laissez refroidir.
6. Pour réaliser le crémeux au citron, réhydratez les feuilles de gélatine dans un bol d'eau froide. Dans une casserole, faites ensuite chauffer le jus de citron, 75 g de sucre et les zestes. Dans un bol, fouettez les 4 œufs et 100 g de sucre. Quand le liquide bout, ajoutez-le sur les œufs en continuant de fouetter, puis reversez le tout dans la casserole. Chauffez sur feu doux en remuant jusqu'à ce que le mélange épaississe.
7. Ajoutez la gélatine essorée et mélangez. Laissez refroidir jusqu'à 37 °C. Ajoutez le beurre mou puis mixez. Déposez le crémeux sur le fond de tarte et réservez au moins 3 h au frais.
8. Pour faire la meringue italienne, versez les blancs d'œufs dans la cuve du robot et montez-les en neige, vitesse minimum. Mettez le sucre et 40 g d'eau dans une casserole ; lorsque le sirop atteint 110 °C, mettez le fouet à pleine vitesse.
9. Quand le sirop atteint 118 °C, versez-le en mince filet sur les blancs, le long de la paroi du bol, tout en continuant à fouetter. Battez la meringue jusqu'à ce qu'elle soit froide. Étalez-la sur la tarte, à l'aide d'une spatule, en faisant un dôme sur le milieu.
10. Dorez au four, sous le gril, ou à l'aide d'un chalumeau.
11. Décorez avec de fines tranches de citron.

ROULÉ À LA *confiture de fraises maison*

ROULÉ À LA confiture de fraises maison

30 min — 35 min — 24 h — 6 personnes

INGRÉDIENTS

Pour la confiture

- *500 g de fraises*
- *250 g de sucre*
- *Jus de 1 citron*

Pour le roulé

- *4 œufs*
- *100 g de sucre*
- *100 g de farine*
- *½ sachet de levure chimique*

La confiture est à réaliser sur deux jours.

1. Lavez et équeutez les fraises. Dans une bassine à confiture ou une cocotte, mettez les fraises, le sucre et le jus de citron, portez à ébullition et faites cuire 10 min. Retirez du feu, couvrez d'une feuille de papier sulfurisé et laissez macérer au frais pendant toute une nuit après refroidissement.
2. Le lendemain, à l'aide d'une écumoire, retirez les fraises et réservez.
3. Portez le sirop à ébullition et laissez-le cuire pendant 10 min. Ajoutez les fraises et continuez la cuisson pendant 5 min.
4. Pour vérifier la cuisson, mettez un peu de confiture sur une assiette : si la confiture se fige, c'est cuit !
5. Ébouillantez et séchez les pots à confiture puis remplissez-les à la louche. Vissez les couvercles et retournez les pots aussitôt. Laissez-les ainsi jusqu'à refroidissement.
6. Une fois le pot ouvert, conservez-le au frais.
7. Pour confectionner le roulé, préchauffez d'abord le four à 200 °C.
8. Séparez les jaunes d'œufs des blancs et réservez. Battez les jaunes d'œufs avec le sucre jusqu'à ce que le mélange blanchisse. Ajoutez la farine tamisée et la levure chimique puis mélangez.
9. Montez les blancs en neige et incorporez-les délicatement au mélange des jaunes et de la farine.
10. Versez la pâte sur une plaque de cuisson recouverte de papier sulfurisé et étalez-la uniformément. Laissez cuire pendant 10 min.
11. À la sortie du four, retournez la plaque sur un torchon propre et retirez la feuille de cuisson. Enroulez le biscuit avec le torchon et laissez refroidir.
12. Déroulez et étalez la confiture de fraises. Roulez le biscuit en le serrant bien.

RIZ AU LAIT
à la verveine et compotée de fraises

RIZ AU LAIT
à la verveine et compotée de fraises

30 min | 35 min | 24 h | 6 personnes

INGRÉDIENTS

Pour la compotée de fraises

- *500 g de fraises*
- *200 g de sucre*
- *Jus de 1 citron*
- *1 gousse de vanille*

Pour le riz au lait

- *1 l de lait entier*
- *30 feuilles de verveine séchée*
- *100 g de riz rond*
- *50 g de sucre en poudre*

Réalisez la compotée de fraises la veille.

1. Lavez les fraises et équeutez-les. Mettez-les dans une casserole avec le sucre en poudre, le jus de citron et la gousse de vanille fendue et grattée. Portez à ébullition puis baissez le feu et cuisez à feu doux pendant 10 min.
2. Laissez refroidir et réservez au réfrigérateur.
3. Le lendemain, mettez dans une cocotte en fonte le lait, les feuilles de verveine et le riz. Portez à ébullition puis baissez le feu et laissez cuire à feu doux de 45 min à 1 h tout en remuant de temps en temps.
4. Vérifiez la cuisson, le lait doit être crémeux et le riz un peu croquant.
5. Ajoutez le sucre et mélangez. Laissez tiédir puis réservez au réfrigérateur.
6. Versez le riz au lait dans des verrines et ajoutez la compotée de fraises.
7. Servez bien frais.

PANNA COTTA
à la fraise

PANNA COTTA
à la fraise

15 min | 5 min | 3 h | 8 verrines

INGRÉDIENTS

Pour la panna cotta

- *5 feuilles de gélatine*
- *1 l de crème liquide entière*
- *5 cuill. à soupe de sucre*
- *2 gousses de vanille*

Pour le coulis

- *500 g de fraises*
- *50 g de sucre*
- *1 cuill. à café de jus de citron*
- *Quelques feuilles de menthe*

1. Mettez les feuilles de gélatine à ramollir dans un bol d'eau froide.
2. Dans une casserole, mettez la crème liquide, le sucre et les 2 gousses de vanille fendues en deux et grattées. Portez à ébullition.
3. Hors du feu, retirez les gousses de vanille et ajoutez la gélatine essorée. Mélangez.
4. Versez la préparation dans les verres, laissez refroidir et réservez au réfrigérateur.
5. Lavez et équeutez les fraises. Dans un blender, mixez 300 g de fraises, le sucre et le jus de citron, puis réservez au réfrigérateur.
6. Au moment de servir, ajoutez dans les verrines les fraises restantes coupées en cubes et le coulis. Décorez avec des feuilles de menthe et une fraise entière.

FINANCIERS
à la framboise

FINANCIERS *à la framboise*

15 min | 15 min | 30 min | 12 financiers

INGRÉDIENTS

- *130 g de beurre*
- *100 g de blancs d'œufs, soit 3 blancs*
- *130 g de sucre glace*
- *50 g de farine*
- *60 g de poudre d'amandes*
- *30 g de poudre de noisettes*
- *Quelques framboises*

1. Dans une casserole, faites fondre le beurre jusqu'à ce qu'il prenne une couleur noisette, puis filtrez-le à l'aide d'un chinois et laissez-le tiédir.
2. Fouettez les blancs d'œufs afin de les faire mousser.
3. Tamisez le sucre glace et la farine, puis les poudres d'amandes et de noisettes.
4. Versez les ingrédients secs dans un bol et mélangez.
5. Ajoutez les blancs mousseux et mélangez.
6. Ajoutez le beurre fondu et mélangez à nouveau.
7. Laissez reposer au frais pendant 30 min.
8. Préchauffez le four à 200 °C.
9. Remplissez les empreintes du moule à financier aux trois quarts et placez 2 ou 3 framboises dans chaque empreinte.
10. Faites cuire 15 min en surveillant la cuisson.

CAKE DE CRÊPES

aux pommes et caramel au beurre salé

CAKE DE CRÊPES

aux pommes et caramel au beurre salé

50 min | 20 min | 2 h | 6 personnes

INGRÉDIENTS

Pour les crêpes

- *250 g de farine*
- *1 sachet de sucre vanillé*
- *1 pincée de sel*
- *50 cl litre de lait*
- *4 œufs*
- *50 g de beurre fondu*

Pour les pommes

- *2 feuilles de gélatine*
- *7 pommes type Golden*
- *25 g de beurre*

Pour le caramel au beurre salé

- *250 g de sucre en poudre*
- *80 g de beurre salé*
- *8 cl de crème liquide entière*

1. Dans un bol, mettez la farine, le sucre vanillé, la pincée de sel, et mélangez. Faites un puits, versez le lait, puis mélangez.
2. Ajoutez les œufs et le beurre fondu. Faites cuire les crêpes et réservez.
3. Dans un bol d'eau froide, mettez les feuilles de gélatine à ramollir.
4. Lavez, épluchez et coupez les pommes en petits cubes. Faites-les revenir dans une poêle avec 25 g de beurre, saupoudrez de sucre vanillé et laissez cuire jusqu'à obtenir des pommes fondantes. Éteignez le feu et ajoutez les feuilles de gélatine, mélangez bien la préparation.
5. Chemisez un moule à cake 17 × 8 cm avec du film alimentaire. Tapissez le fond et les côtés du moule avec 3 crêpes. Prenez soin de les faire remonter sur les bords en les laissant dépasser, afin de pouvoir les replier sur les pommes.
6. Garnissez d'un tiers du mélange de pommes, recouvrez de 2 crêpes, renouvelez l'opération deux fois en finissant par rabattre les extrémités des crêpes dépassant du moule.
7. Repliez le bord des crêpes sur les pommes.
8. Couvrez de film alimentaire et conservez au frais pendant 2 h.
9. Dans une casserole, mettez un tiers du sucre et laissez caraméliser à feu doux, ne remuez pas le sucre pendant qu'il fond.
10. Une fois doré très clair, ajoutez le deuxième tiers du sucre, laissez fondre, et finissez par le dernier tiers. Attention, ne faites pas brûler votre caramel, il deviendrait amer.
11. Hors du feu, ajoutez les dés de beurre salé et mélangez énergiquement au fouet. Faites chauffer la crème liquide et versez-la sur le caramel tout en remuant.
12. Lorsque le mélange est lisse, remettez-le sur le feu et laissez cuire 5 min.
13. Versez dans un pot que vous aurez ébouillanté et laissez refroidir.

Ce gâteau se conserve 3 semaines au réfrigérateur. Au moment de servir, coupez des tranches de cake et servez avec du caramel au beurre salé que vous aurez fait chauffer quelques secondes au micro-ondes.

MUFFINS
au chocolat

MUFFINS au chocolat

15 min | 15 à 20 min | 10 muffins

INGRÉDIENTS

- *125 g de beurre fondu*
- *250 g de farine*
- *60 g de cacao en poudre non sucré*
- *1 sachet de levure chimique*
- *1 cuill. à café de bicarbonate de soude*
- *1 pincée de sel*
- *4 œufs*
- *150 g de sucre*
- *300 g de crème fraîche épaisse*
- *1 cuill. à soupe de vanille liquide*
- *100 g de pépites de chocolat*

1. Préchauffez le four à 180 °C.
2. Faites fondre le beurre au micro-ondes et laissez-le refroidir.
3. Tamisez ensemble la farine, le cacao, la levure, le bicarbonate, le sel et réservez.
4. Dans un bol, fouettez les œufs et le sucre. Ajoutez le beurre fondu, la crème fraîche et la vanille liquide, puis mélangez.
5. Ajoutez le mélange sec de farine et 75 g de pépites de chocolat sur le mélange œufs/sucre et mélangez sans trop travailler la pâte.
6. Disposez des caissettes en papier dans un moule à muffins.
7. À l'aide d'une cuillère à glace, remplissez les empreintes au deux tiers et parsemez de quelques morceaux de chocolat.
8. Faites cuire entre 15 et 20 min et vérifiez la cuisson à l'aide de la pointe d'un couteau.

·22·

TIRAMISU

au cacao

TIRAMISU
au cacao

30 min | 15 min | 1 nuit | 8 personnes

INGRÉDIENTS

- *4 expressos*
- *50 g de sucre roux cassonade*
- *5 jaunes d'œufs*
- *100 g de sucre en poudre*
- *500 g de mascarpone*
- *40 cl de crème liquide entière froide*
- *48 biscuits cuillère*
- *Cacao en poudre*

1. Faites couler 4 expressos, ajoutez 50 g de cassonade mélangez et laissez refroidir.
2. Dans un bol, fouettez les jaunes d'œufs et le sucre sur un bain-marie pendant 5 min.
3. Le mélange ne doit pas dépasser 80 °C.
4. Retirez du bain-marie et fouettez pour refroidir le mélange jusqu'à 30 °C.
5. Ajoutez le mascarpone, fouettez et réservez.
6. Dans un autre bol, fouettez la crème liquide bien froide jusqu'à obtenir une chantilly bien souple.
7. À l'aide d'une maryse, incorporez délicatement la chantilly dans le mélange mascarpone/jaunes d'œufs, puis réservez au réfrigérateur.
8. Imbibez les biscuits de chaque côté dans le café et disposez-les dans le fond du plat.
9. Versez par-dessus la moitié de votre crème.
10. Répétez l'opération, puis couvrez de film alimentaire. Réservez au réfrigérateur toute une nuit.

Au moment de servir, saupoudrez de cacao amer.

CANNELÉS
à la bordelaise

CANNELÉS
à la bordelaise

15 min — *50 min* — *1 nuit* — *10 cannelés*

INGRÉDIENTS

- *50 cl de lait entier*
- *50 g de beurre*
- *1 gousse de vanille*
- *2 œufs*
- *2 jaunes d'œufs*
- *150 g de sucre*
- *120 g de farine*
- *1 pincée de sel*
- *2 cuill. à soupe de rhum*
- *1 bombe graissante*

1. Dans une casserole, portez à ébullition le lait et le beurre et la gousse de vanille fendue en deux et grattée. Retirez du feu et réservez.
2. Dans un bol, fouettez les œufs, les jaunes et le sucre, jusqu'à ce que le mélange blanchisse.
3. Ajoutez aux œufs la farine et le sel, puis mélangez.
4. Versez le lait chaud en deux fois tout en remuant.
5. Incorporez le rhum et réservez au réfrigérateur toute une nuit minimum.
6. Préchauffez le four à 240 °C.
7. Utilisez une bombe graissante pour huiler les moules à cannelés.
8. Mélangez la pâte avant de la verser dans les moules jusqu'à 1 cm du bord.
9. Mettez à cuire 10 min à 240 °C, puis 40 min à 190 °C.
10. Démoulez-les à la sortie du four.

·24·

PASTEIS *de Nata*

PASTEIS *de Nata*

30 min | *10 à 15 min* | *1 h* | *12 pasteis*

INGRÉDIENTS

- *1 pâte feuilletée rectangulaire, industrielle ou maison*
- *13 cl d'eau*
- *130 g de sucre*
- *1 citron bio non traité*
- *1 bâton de cannelle*
- *25 cl de lait entier*
- *30 g de farine*
- *4 jaunes d'œufs*

1. Déroulez la pâte feuilletée et, à l'aide d'un pinceau, mettez de l'eau sur toute la surface.
2. Roulez la pâte en boudin sur le côté le plus large.
3. Coupez des tronçons de pâte de 3 cm.
4. Disposez un tronçon de pâte dans le fond d'un moule (ou d'une empreinte) à muffins beurré.
5. À l'aide de vos pouces, poussez la pâte vers le haut tout en tournant le moule.
6. Une fois tous les moules foncés, réservez-les au réfrigérateur pendant 1 h.
7. Dans une casserole, portez à ébullition l'eau, le sucre, l'écorce de citron et le bâton de cannelle.
8. Laissez cuire pendant 5 min jusqu'à obtenir un sirop, éteignez le feu et réservez.
9. Dans une casserole, versez le lait et la farine, puis mélangez.
10. Retirez le bâton de cannelle et les citrons.
11. Portez à ébullition tout en fouettant. Une fois la crème épaissie, retirez du feu. Incorporez le sirop cannelle-citron et mélangez.
12. Versez dans un autre bol et laissez refroidir 3 min, puis ajoutez les jaunes d'œufs et mélangez.
13. Préchauffez le four à 240 °C.
14. Remplissez les moules avec la préparation et mettez à cuire 10 à 15 min.

COOKIES
vanille-chocolat

COOKIES
vanille-chocolat

15 min | 12 à 14 min | 30 min | 12 cookies

INGRÉDIENTS

- *200 g de beurre*
- *150 g de vergeoise*
- *50 g de cassonade*
- *2 œufs*
- *1 cuill. à café de vanille liquide*
- *300 g de farine*
- *1 cuill. à café de levure chimique*
- *1 cuill. à café de bicarbonate*
- *1 pincée de fleur de sel*
- *240 g de chocolat coupé en morceaux*

1. Réalisez un beurre noisette en le faisant cuire dans une casserole à feu moyen jusqu'à obtenir une couleur caramel.
2. Stoppez la cuisson, puis filtrez-le dans une passoire fine pour enlever le dépôt. Laissez refroidir.
3. Mélangez le beurre refroidi avec la vergeoise et la cassonade. Ajoutez les œufs et la vanille liquide.
4. Versez la farine, la levure chimique, le bicarbonate, la fleur de sel et les morceaux ou pépites de chocolat. Mélangez rapidement le tout et réservez au réfrigérateur pendant 30 min.
5. Préchauffez le four à 175 °C.
6. Formez des boules à l'aide d'une cuillère à glace, et déposez-les en les espaçant sur une plaque recouverte de papier cuisson.
7. Déposez quelques morceaux de chocolat sur chaque boule de cookie et mettez à cuire 12 à 14 min.

BROWKIE *au chocolat*

BROWKIE
au chocolat

30 min | 30 à 35 min | 30 min | 8 personnes

INGRÉDIENTS

Pour le brownie

- *250 g de chocolat noir*
- *150 g de beurre demi-sel*
- *4 œufs*
- *125 g de vergeoise*
- *1 cuill. à soupe de vanille liquide*
- *150 g de farine*
- *1 pincée de sel*

Pour le cookie

- *100 g de beurre doux ramolli*
- *75 g de sucre vergeoise*
- *25 g de sucre roux*
- *1 œuf*
- *1 cuill. à café de vanille liquide*
- *150 g de farine*
- *½ cuill. à café de levure chimique*
- *½ cuill. à café de bicarbonate*
- *120 g de chocolat cassé en morceaux*

1. Faites fondre le chocolat et le beurre au micro-ondes. Mélangez et laissez refroidir.
2. Dans un bol, fouettez les œufs et le sucre jusqu'à ce que le mélange soit homogène.
3. Incorporez le mélange beurre/chocolat et la vanille liquide et mélangez.
4. Incorporez la farine tamisée et le sel. Versez la pâte dans un moule carré recouvert de papier cuisson, puis réservez.
5. Dans un bol, mélangez le beurre mou, la vergeoise et le sucre roux jusqu'à obtenir un mélange crémeux.
6. Ajoutez l'œuf, la vanille et mélangez.
7. Incorporez la farine tamisée, la levure, le bicarbonate et le chocolat en morceaux.
8. Mélangez rapidement et réservez au réfrigérateur pendant 30 min.
9. À l'aide d'une cuillère à café ou de vos mains, déposez des morceaux de pâte à cookie sur le dessus du brownie.
10. Mettez à cuire à 175 °C pendant 30 à 35 min.
11. Laissez refroidir avant la dégustation.

PANCAKES
comme à New-York

PANCAKES comme à New-York

15 min | 4 min | 30 min | 8 personnes

INGRÉDIENTS

- *75 g de beurre fondu*
- *450 g de farine*
- *50 g de sucre en poudre*
- *1 sachet de levure chimique*
- *1 pincée de sel*
- *5 œufs*
- *50 cl de lait ribot*
- *1 cuill. à soupe d'extrait de vanille*

1. Faites fondre le beurre au micro-ondes et laissez-le refroidir.
2. Dans un bol, mélangez la farine, le sucre, la levure chimique et le sel.
3. Dans un autre bol, battez les œufs avec le lait ribot, le beurre fondu et l'extrait de vanille.
4. Versez le mélange liquide sur les ingrédients secs et mélangez rapidement sans trop insister.
5. Réservez au réfrigérateur pendant 30 min minimum.
6. Faites chauffer une poêle à feu moyen et graissez-la avec un peu de beurre.
7. Versez une petite louche de pâte, patientez jusqu'à ce que des bulles se forment à la surface puis retournez le pancake et laissez-le cuire pendant 2 à 3 min.
8. Répétez l'opération avec le reste de la pâte.

Servez accompagné de sirop d'érable et de fruits frais.

TARTE
fraise rhubarbe

TARTE
fraise rhubarbe

1 h | 20 min + 20 min | 2 h | 6 personnes

INGRÉDIENTS

Pour la pâte sucrée

- *110 g de beurre mou*
- *65 g de sucre glace*
- *30 g de poudre d'amandes*
- *1 œuf*
- *250 g de farine*
- *1 pincée de sel*

Pour la compote de rhubarbe

- *300 g de rhubarbe*
- *30 g de sucre*
- *1 cuill. à café de vanille en poudre*
- *2 cuill. à soupe d'eau*

Pour le montage

- *500 g de fraises*
- *25 cl de crème liquide entière*

1. À l'aide d'un batteur, mélangez le beurre, le sucre glace et la poudre d'amandes.
2. Ajoutez l'œuf et mélangez. Incorporez la farine et le sel jusqu'à obtenir une pâte homogène. Formez une boule et réservez au réfrigérateur pendant 2 h.
3. Préchauffez le four à 180 °C.
4. Étalez la pâte sur un plan de travail fariné. Foncez un moule à tarte, piquez le fond à l'aide d'une fourchette et mettez à cuire pendant 20 min. Laissez refroidir.
5. Épluchez et coupez en tronçons les tiges de rhubarbe, déposez-les dans une casserole avec le sucre, la vanille et l'eau. Faites cuire à feu moyen jusqu'à obtenir une compote. Laissez refroidir.
6. Étalez la compote sur la pâte sablée et venez déposer des fraises entières coupées de manière décorative.
7. Montez une chantilly pas trop ferme avec de la crème liquide entière.

Servez la tarte accompagnée de sa crème fouettée.

CLAFOUTIS AUX *abricots et au romarin*

CLAFOUTIS AUX *abricots et au romarin*

15 min | 35 min | 15 min | 8 personnes

INGRÉDIENTS

- *20 cl de lait entier*
- *1 branche de romarin*
- *500 g d'abricots*
- *1 noix de beurre*
- *100 g de farine*
- *125 g de sucre*
- *50 g de fécule de maïs*
- *1 cuill. à café de vanille en poudre*
- *4 œufs*
- *1 cuill. à soupe de rhum (facultatif)*
- *25 cl de crème liquide entière*
- *1 pincée de fleur de sel*

1. Mettez à chauffer le lait et le romarin dans une casserole jusqu'à frémissement.
2. Arrêtez le feu et laissez infuser 15 min.
3. Préchauffez le four à 190 °C.
4. Coupez les abricots en deux et disposez-les dans un plat beurré.
5. Rassemblez les ingrédients secs (farine, sucre, vanille et sel), creusez un puits et ajoutez-y les œufs, le rhum, la crème et le sel. Mélangez bien.
6. Ajoutez le lait infusé et mélangez.
7. Versez la pâte sur les abricots et faites cuire pendant 35 min.

· 30 ·

ÎLE FLOTTANTE AUX

noisettes caramel au beurre salé

ÎLE FLOTTANTE AUX *noisettes caramel au beurre salé*

30 min — *10 min + 3 min* — *2 h* — *6 personnes*

INGRÉDIENTS

- *6 œufs*
- *50 cl de lait entier*
- *1 gousse de vanille*
- *100 g de sucre pour la crème aux jaunes d'œufs*
- *50 g de sucre pour les blancs d'œufs*
- *1 pot de caramel au beurre salé*
- *70 g de noisettes concassées*

1. Séparez les blancs des jaunes et réservez les blancs dans un bol.
2. Dans une casserole, faites chauffer le lait avec la gousse de vanille fendue et grattée.
3. Dans un autre bol, fouettez les jaunes d'œufs et le sucre jusqu'à ce que le mélange blanchisse.
4. Versez le lait chaud sur le mélange jaunes d'œufs/sucre tout en fouettant.
5. Remettez le mélange dans la casserole et faites cuire à feu doux en remuant constamment jusqu'à ce que la crème épaississe légèrement. Ne faites pas bouillir. Versez dans un bol et réservez au réfrigérateur.
6. Préchauffez le four à 180 °C.
7. Battez les blancs en neige, ajoutez progressivement le sucre en continuant de fouetter jusqu'à ce que les blancs soient fermes et brillants.
8. Huilez un moule en silicone en demi-sphères, remplissez chaque empreinte et lissez la surface à l'aide d'une spatule.
9. Enfournez pendant 3 min, laissez refroidir et démoulez délicatement.
10. Dans un bol, disposez une demi-sphère, creusez un trou et remplissez-le de caramel au beurre salé. Couvrez d'une autre demi-sphère, parsemez de noisettes concassées. Ajoutez la crème anglaise et servez.

FONDANT *au chocolat*

FONDANT
au chocolat

15 min | 45 min | 6 personnes

INGRÉDIENTS

- *100 g de chocolat noir*
- *100 g de chocolat au lait*
- *200 g de beurre demi-sel*
- *5 œufs*
- *100 g de sucre vergeoise*
- *30 g de farine*

1. Préchauffez le four à 200 °C.
2. Faites fondre les chocolats et le beurre au micro-ondes, mélangez.
3. Dans un bol, fouettez les œufs avec le sucre jusqu'à ce que le mélange double de volume.
4. Ajoutez la farine tamisée, puis mélangez délicatement.
5. Incorporez le mélange chocolat/beurre et mélangez.
6. Versez la pâte dans un moule beurré et chemisé de papier cuisson.
7. Baissez la température du four à 150 °C et enfournez pour 45 min. Laissez refroidir avant de démouler.

FLUFFY *pancakes*

FLUFFY *pancakes*

15 min | 5 min + 5 min | 6 personnes

INGRÉDIENTS

- *4 œufs*
- *5 cl de lait*
- *1 cuill. à café de vanille liquide*
- *80 g de farine*
- *80 g de sucre*

1. Séparez les blancs des jaunes.
2. Fouettez les jaunes d'œufs avec le lait et la vanille puis ajoutez la farine tamisée, mélangez bien.
3. Montez les blancs en neige. Quand ils deviennent mousseux, incorporez un tiers du sucre tout en fouettant. Répétez l'opération jusqu'à avoir incorporé tout le sucre.
4. Incorporez délicatement les blancs en neige dans la pâte. Versez la préparation dans une poche à douille.
5. Dans une poêle légèrement huilée et chauffée, versez des petits tas de pâte.
6. Ajoutez 2 à 3 cuillères à café d'eau dans le fond de la poêle, couvrez.
7. Faites cuire 5 min à feu doux.
8. Retournez délicatement les pancakes, couvrez et laissez cuire 5 min.

Servez accompagné de fraises et de sirop d'érable.

CRÈME
brûlée

CRÈME *brûlée*

20 min | 1 h | 2 h après cuisson | 6 personnes

INGRÉDIENTS

- *50 cl de crème liquide*
- *1 gousse de vanille*
- *8 jaunes d'œufs*
- *80 g de sucre en poudre*
- *Cassonade (pour caraméliser)*

1. Préchauffez le four à 90 °C.
2. Dans une casserole, faites chauffer la crème liquide avec la gousse de vanille fendue et grattée jusqu'à frémissement. Retirez du feu et laissez infuser quelques minutes.
3. Fouettez les jaunes d'œufs avec le sucre jusqu'à ce que le mélange blanchisse.
4. Versez la crème chaude sur le mélange jaunes d'œufs-sucre en fouettant constamment.
5. Filtrez la préparation pour retirer la gousse de vanille.
6. Répartissez la préparation dans des ramequins individuels.
7. Placez ces derniers dans un plat à gratin et versez de l'eau chaude jusqu'à mi-hauteur des ramequins.
8. Enfournez pendant 1 h, jusqu'à ce que la crème soit prise mais encore tremblotante au centre.
9. Laissez refroidir à température ambiante, puis réfrigérez au moins 2 h avant de servir.

Juste avant de servir, saupoudrez chaque crème brûlée de cassonade et caramélisez-la à l'aide d'un chalumeau de cuisine ou en passant les ramequins sous le gril du four pendant quelques minutes.

CHEESE-CAKE
au speculoos

CHEESE-CAKE au speculoos

30 min | 1 h 10 | 2 h | 10 personnes

INGRÉDIENTS

Pour la croûte

- *150 g de biscuits (spéculoos, Thés®)*
- *60 g de beurre fondu*
- *20 g de sucre*

Pour la garniture

- *600 g de fromage à la crème (type Philadelphia®)*
- *120 g de sucre en poudre*
- *6 œufs*
- *1 cuill. à soupe de jus de citron*
- *1 cuill. à café d'extrait de vanille*
- *50 g de farine*

1. Préchauffez le four à 175 °C.
2. Réduisez les biscuits en miettes et mélangez-les au beurre fondu et au sucre.
3. Déposez du papier sulfurisé dans le fond d'un moule à charnière de 23 cm de diamètre, puis versez la préparation en tassant bien avec le fond d'un verre. Réservez au réfrigérateur.
4. Dans un bol, battez le fromage à la crème avec le sucre jusqu'à obtenir une texture lisse et crémeuse.
5. Incorporez les œufs un par un.
6. Ajoutez le jus de citron et l'extrait de vanille.
7. Incorporez la farine tamisée et mélangez jusqu'à obtenir une préparation lisse.
8. Versez la préparation sur le mélange biscuit-beurre.
9. Faites cuire 10 min puis baissez la température à 90 °C et laissez cuire 50 min.
10. N'ouvrez pas la porte du four pendant et après la cuisson. Laissez reposer le cheese-cake dans le four pendant 2 h.
11. Puis réservez-le au réfrigérateur pendant au moins 4 h.

MOJITO *cake*

MOJITO *cake*

20 min | 1 h | 8 personnes

INGRÉDIENTS

Pour le gâteau

- *100 g de sucre en poudre*
- *120 g de beurre mou*
- *Zeste râpé de 2 citrons verts*
- *12 feuilles de menthe fraîche*
- *2 œufs*
- *220 g de farine*
- *½ sachet de levure chimique*
- *1 pincée de fleur de sel*
- *17 cl de crème liquide entière*
- *5 cl de rhum*
- *Jus de 1 citron vert*

Pour le glaçage

- *150 g à 200 g de sucre glace*
- *1 cuill. à soupe de jus de citron vert*

1. Préchauffez le four à 145 °C.
2. Dans un saladier, mélangez le sucre, le beurre mou et le zeste de citron vert. Ajoutez les feuilles de menthe lavées et ciselées très finement, et mélangez.
3. Ajoutez les œufs un à un tout en mélangeant.
4. Incorporez la farine tamisée, la levure chimique et la fleur de sel. Ajoutez la crème liquide et le rhum, et mélangez.
5. Versez la pâte dans un moule à cake préalablement beurré et fariné.
6. Enfournez pour 1 h. Vérifiez la cuisson à l'aide de la pointe d'un couteau. Sortez du four et démoulez. Disposez un morceau de film alimentaire dans le moule, puis remettez-y le cake cuit et versez dessus le jus de citron. Repliez le film sur le cake et laissez refroidir.
7. Préchauffez le four à 180 °C.
8. Dans un petit bol, mélangez du sucre glace et de jus de citron. Mélangez et ajoutez si besoin du jus de citron ou du sucre glace pour obtenir un glaçage blanc et brillant.
9. Retirez le film alimentaire et placez le cake sur une plaque de cuisson. Recouvrez-le de glaçage en le lissant à la spatule puis mettez-le dans le four pendant 5 min.
10. Laissez refroidir et décorez de tranches de citron vert et de feuilles de menthe.

·36·

FAR
aux pruneaux

FAR
aux pruneaux

15 min | 1 h | 30 min | 8 personnes

INGRÉDIENTS

- *500 g de pruneaux dénoyautés*
- *10 cl de rhum*
- *1 l de lait entier*
- *1 gousse de vanille*
- *4 œufs*
- *250 g de farine*
- *125 g de sucre en poudre*
- *1 pincée de fleur de sel*
- *Beurre demi-sel*

1. Préchauffez le four à 210 °C.
2. Faites macérer les pruneaux dans le rhum pendant 30 min.
3. Faites tiédir le lait et la gousse de vanille fendue et grattée.
4. Cassez les œufs dans un récipient et, à l'aide d'une fourchette, battez-les légèrement.
5. Dans un saladier, mélangez la farine, le sucre et la fleur de sel. Faites un puits et ajoutez-y les œufs battus. Mélangez pour obtenir une pâte lisse. Incorporez le lait afin d'obtenir une pâte lisse et sans grumeaux.
6. Beurrez généreusement un moule à gratin. Disposez les pruneaux dans le moule et versez la préparation par-dessus.
7. Faites cuire pendant 1 h. Laissez refroidir et dégustez.

GÂTEAU
à l'orange confite

GÂTEAU
à l'orange confite

25 min | 30 min + 50 min | 2 h | 6 personnes

INGRÉDIENTS

- *50 cl d'eau*
- *325 g de sucre en poudre*
- *4 oranges bio non traitées*
- *Zeste et jus de 1 orange*
- *4 œufs*
- *60 g de beurre*
- *60 g d'huile d'olive*
- *200 g de farine*
- *½ sachet de levure chimique*
- *1 pincée de sel*
- *60 ml de crème liquide entière*

1. Dans une casserole, mettez l'eau, le sucre et les tranches d'oranges de 5 mm d'épaisseur, portez à ébullition, puis faites cuire 30 min à feu moyen.
2. Égouttez les tranches d'orange en conservant le sirop et laissez-les refroidir.
3. Préchauffez le four à 160 °C. Faites fondre le beurre au micro-ondes et laissez refroidir.
4. Dans un bol, mélangez le sucre et le zeste d'orange. Incorporez les œufs et fouettez jusqu'à ce que le mélange blanchisse.
5. Ajoutez le beurre fondu et l'huile d'olive, puis mélangez. Incorporez la farine tamisée, la levure chimique et le sel. Mélangez jusqu'à obtenir une pâte homogène.
6. Ajoutez la crème liquide entière et le jus de l'orange. Mélangez et réservez.
7. Dans un moule à manqué recouvert de papier de cuisson, disposez harmonieusement les lamelles d'oranges.
8. Versez la pâte et enfournez pendant 50 min jusqu'à ce que le gâteau soit doré et qu'un cure-dent inséré au centre en ressorte propre. Démoulez-le et glacez-le avec le sirop obtenu lors de la cuisson des oranges.

MI-CUIT
au chocolat façon Snickers

MI-CUIT
au chocolat façon Snickers

35 min | 7 min | 24 h | 6 personnes

INGRÉDIENTS

- *10 cl de crème liquide entière*
- *90 g de sucre*
- *90 g de beurre demi-sel*
- *100 g de cacahuètes non salées*
- *200 g de chocolat noir*
- *80 g de beurre demi-sel*
- *4 œufs*
- *160 g de sucre en poudre*
- *40 g de farine*
- *1 pincée de sel*

À faire la veille

1. Faites chauffer la crème liquide et réservez.
2. Faites chauffer un tiers du sucre dans une casserole à feu moyen jusqu'à obtenir un caramel blond. Ajoutez le deuxième tiers de sucre, laissez fondre et répétez l'opération avec le troisième. Retirez la casserole du feu. Incorporez la crème liquide chaude et mélangez. Ajoutez le beurre coupé en cubes tout en mélangeant. Remettez sur le feu et faites cuire à feu moyen pendant 5 min. Ajoutez les cacahuètes concassées grossièrement, laissez refroidir avant de verser le caramel dans un pot en verre et réservez au réfrigérateur.

Le lendemain

3. Préchauffez le four à 240 °C.
4. Faites fondre le chocolat noir et le beurre au micro-ondes.
5. Dans un saladier, battez les œufs avec le sucre jusqu'à obtenir un mélange mousseux.
6. Incorporez le mélange chocolat/beurre fondu et mélangez bien.
7. Incorporez la farine tamisée et le sel jusqu'à ce que la pâte soit homogène.
8. Beurrez et farinez des ramequins individuels puis remplissez-les à mi-hauteur. Ajoutez 2 cuillères à café du caramel aux cacahuètes et recouvrez avec le reste de pâte.
9. Enfournez pendant environ 7 min. Surveillez la cuisson, le centre doit rester légèrement tremblotant.
10. Démoulez délicatement les mi-cuits au chocolat et servez-les tièdes, accompagnés d'une boule de glace vanille.

BANANA *bread*

BANANA *bread*

35 min — 50 à 60 min — 10 personnes

INGRÉDIENTS

- *120 g de beurre fondu*
- *4 bananes bien mûres*
- *100 g de vergeoise ou sucre roux*
- *2 œufs*
- *1 yaourt à la grecque*
- *1 cuill. à café d'extrait de vanille*
- *200 g de farine*
- *1 cuill. à café de levure chimique*
- *½ cuill. à café de bicarbonate de soude*
- *1 pincée de sel*
- *100 g de pépites de chocolat*
- *100 g de noix de pécan*
- *60 g de beurre fondu*
- *2 cuill. à soupe de cannelle moulue*
- *50 g de sucre*

1. Préchauffez le four à 180 °C.
2. Faites fondre le beurre au micro-ondes et laissez refroidir.
3. Écrasez les bananes dans un grand bol à l'aide d'une fourchette. Ajoutez la vergeoise (ou le sucre roux), les œufs, le yaourt à la grecque, le beurre fondu et l'extrait de vanille. Mélangez bien.
4. Dans un autre bol, mélangez la farine, la levure chimique, le bicarbonate de soude et le sel.
5. Incorporez progressivement les ingrédients secs au mélange à la banane en remuant jusqu'à ce que la pâte soit homogène. Assurez-vous de ne pas trop mélanger. Ajoutez les pépites de chocolat et les noix de pécan et mélangez.
6. Dans un bol, faites fondre le restant de beurre au micro-ondes, ajoutez la cannelle et le sucre, puis mélangez.
7. À l'aide d'une cuillère, versez un tiers de la pâte dans le moule à cake chemisé de papier cuisson. Ajoutez un tiers du mélange beurre/cannelle, faites des tourbillons à l'aide d'une baguette. Répétez l'opération deux fois.
8. Faites cuire pendant environ 50 à 60 min, ou jusqu'à ce qu'un cure-dent inséré au centre en ressorte propre.
9. Une fois cuit, laissez-le banana bread refroidir dans le moule pendant quelques minutes, puis démoulez-le et laissez-le refroidir complètement sur une grille.

FLAN CRÉMEUX
à la vanille

FLAN CRÉMEUX
à la vanille

40 min | 30 min | 24 h | 6 personnes

INGRÉDIENTS

Pour la pâte sablée

- *110 g de beurre mou*
- *100 g de sucre*
- *30 g de poudre d'amandes*
- *250 g de farine*
- *1 pincée de fleur de sel*
- *1 œuf*

Pour le flan

- *52,5 cl de lait entier*
- *1 gousse de vanille*
- *5 jaunes d'œufs*
- *90 g de sucre glace*
- *40 g de fécule de maïs*
- *70 g de beurre*
- *15 cl de crème liquide*

À faire la veille

1. Dans un bol, mélangez le beurre et le sucre. Ajoutez la poudre d'amandes, la farine et la fleur de sel, mélangez jusqu'à obtenir une pâte sableuse. Incorporez l'œuf et travaillez la pâte jusqu'à ce qu'elle forme une boule. Enveloppez la pâte dans un morceau de film alimentaire et réservez-la au réfrigérateur pendant 1 h.
2. Étalez la pâte sur un plan de travail fariné sur une épaisseur de 3 mm, puis foncez un moule à charnière de 22 cm. Retirez l'excédent de pâte, puis réservez-le au congélateur jusqu'au lendemain.

Le lendemain

3. Préchauffez le four à 200 °C.
4. Dans une casserole, portez à ébullition le lait et la gousse de vanille fendue et grattée. Retirez du feu et laissez infuser pendant quelques minutes, puis retirez la gousse de vanille.
5. Dans un saladier, fouettez les jaunes avec le sucre et la fécule de maïs. Versez peu à peu le lait chaud en fouettant constamment.
6. Reversez le mélange dans la casserole et portez à ébullition tout en remuant constamment jusqu'à ce que la préparation épaississe et devienne crémeuse.
7. Retirez du feu, ajoutez le beurre coupé en cubes et mélangez. Ajoutez la crème liquide. Laissez reposer la préparation recouverte de film alimentaire pendant 1 h. Mixez à l'aide d'un mixeur plongeant. Versez la préparation dans le fond de pâte en lissant bien.
8. Faites cuire pendant 25 min, puis 5 min à 230 °C. Laissez refroidir et réservez le flan au réfrigérateur avant de le déguster.

BISCUIT *Spritz*

BISCUIT Spritz

20 min — *10 à 12 min* — *8 personnes*

INGRÉDIENTS

- *200 g de beurre mou*
- *90 g de sucre glace*
- *35 g de blanc d'œuf*
- *1 cuill. à café de vanille en poudre*
- *1 pincée de sel*
- *240 g de farine*
- *150 g de chocolat lait*

1. Préchauffez le four à 180 °C.
2. Dans un bol, fouettez le beurre mou et le sucre jusqu'à obtenir un mélange crémeux.
3. Ajoutez le blanc d'œuf, la vanille et le sel, puis mélangez.
4. Incorporez la farine petit à petit en mélangeant jusqu'à obtenir une pâte homogène.
5. Remplissez une poche à douille munie d'une douille cannelée.
6. Sur une plaque de cuisson recouverte de papier sulfurisé, formez des W en les espaçant bien.
7. Enfournez les biscuits pendant 10 à 12 min et laissez refroidir.
8. Faites fondre le chocolat au bain-marie, puis trempez la moitié des biscuits, Laissez durcir et dégustez.

·42·

BEIGNETS *au four*

BEIGNETS au four

40 min | 10 min | 1 h + 30 min | 8 personnes

INGRÉDIENTS

- *1 sachet de levure de boulanger ou 15 g de levure fraîche*
- *18 cl de lait entier*
- *50 g de sucre*
- *2 œufs*
- *420 g de farine*
- *1 pincée de sel*
- *70 g de beurre mou*
- *10 cl d'eau chaude*
- *2 cuill. à soupe de fleur d'oranger*
- *Sucre semoule*

1. Dans le bol d'un robot, délayez la levure de boulanger dans le lait tiède (mais pas chaud) et laissez reposer pendant 10 min jusqu'à ce que le mélange commence à mousser.
2. Ajoutez le sucre, l'œuf battu, la farine et le sel. Pétrissez pendant 5 min.
3. Incorporez le beurre mou coupé en cubes et pétrissez pendant 10 min jusqu'à ce que la pâte forme une boule et se détache de la paroi du bol. La pâte doit être lisse et élastique.
4. Formez une boule, couvrez-la d'un torchon propre. Laissez reposer la pâte dans un endroit chaud pendant 1 h, jusqu'à ce qu'elle double de volume.
5. Dégazez-la en appuyant avec votre poing puis, sur un plan de travail fariné, étalez votre pâte et découpez des cercles de 7 cm de diamètre. Déposez-les sur une plaque de cuisson recouverte de papier sulfurisé et laissez lever pendant 30 min.
6. Préchauffez le four à 180 °C.
7. Badigeonnez la surface des beignets avec un peu de lait froid puis enfournez-les pendant 10 min.
8. À la sortie du four, badigeonnez le dessus et le dessous de chaque beignet d'eau chaude mélangée à la fleur d'oranger.
9. Roulez les beignets dans du sucre en poudre, et laissez-les refroidir sur une grille.

BABKA
au chocolat

BABKA au chocolat

40 min | 30 min | 10 min + 2 h 45 | 10 personnes

INGRÉDIENTS

Pour la pâte

- *1 sachet de levure de boulanger*
- *10 cl de lait tiède*
- *50 g de sucre*
- *1 œuf*
- *250 g de farine*
- *5 g de sel*
- *110 g de beurre mou, coupé en morceaux*

Pour la garniture

- *100 g de chocolat noir*
- *50 g de beurre*
- *75 g de cassonade*
- *1 cuill. à café de cannelle en poudre*
- *75 g de noisettes concassées*

1. Dans un bol, mélangez la levure de boulanger avec le lait tiède (mais pas chaud) et 1 cuillère à café de sucre. Laissez reposer pendant environ 10 min jusqu'à ce que le mélange devienne mousseux.
2. Ajoutez l'œuf et le reste du sucre. Mélangez à la fourchette. Incorporez la farine et le sel, puis pétrissez pendant 5 min.
3. Incorporez le beurre mou coupé en cubes petit à petit en continuant de pétrir. Augmentez la vitesse du robot et pétrissez pendant 10 min jusqu'à obtenir une pâte non collante et élastique.
4. Formez une boule et placez-la dans un grand bol légèrement graissé. Couvrez d'un torchon propre et laissez lever dans un endroit chaud pendant environ 1 à 2 h, jusqu'à ce que la pâte double de volume. Réservez-la au réfrigérateur pendant 1 h.
5. Pendant que la pâte lève, faites fondre le chocolat et le beurre au micro-ondes. Mélangez puis ajoutez la cassonade et la cannelle. Réservez.
6. Sur un plan de travail légèrement fariné, étalez la pâte en un rectangle d'environ 30 × 40 cm.
7. Étalez la garniture uniformément sur toute la surface de la pâte, en laissant un petit bord libre sur un des côtés longs. Parsemez de noisettes concassées, et roulez la pâte sur elle-même, en partant du côté le plus large et formez un boudin.
8. Coupez le boudin en deux dans le sens de la longueur pour obtenir deux longues bandes de pâte et torsadez-les entre elles pour former une torsade, en veillant à garder la garniture visible.
9. Placez la tresse dans un moule à cake préalablement graissé et laissez lever pendant encore 30 à 45 min, jusqu'à ce qu'elle double de volume.
10. Préchauffez le four à 160 °C.
11. Enfournez la babka dans le four préchauffé et laissez cuire pendant environ 30 min.
12. Laissez tiédir dans le moule pendant quelques minutes, puis démoulez et laissez refroidir.

·44·

TARTE
à la rhubarbe

TARTE
à la rhubarbe

40 min	40 min	30 min + 30 min	6 personnes

INGRÉDIENTS

Pour la pâte brisée

- *250 g de farine*
- *30 g de sucre*
- *1 pincée de sel*
- *125 g de beurre*
- *1 jaune d'œuf*
- *5 cl d'eau froide*

Pour la crème d'amandes

- *50 g de beurre mou*
- *1 cuill. à café de vanille en poudre*
- *50 g de sucre*
- *1 œuf*
- *75 g de poudre d'amandes*
- *25 g de crème fraîche*

Pour le montage

- *3 à 4 tiges de rhubarbe de même largeur*
- *1 sachet de sucre vanillé*

1. Dans un bol, mélangez la farine, le sucre et le sel. Ajoutez le beurre mou coupé en cubes et travaillez jusqu'à obtenir une pâte sableuse. Ajoutez le jaune d'œuf et l'eau, puis mélangez jusqu'à obtenir une boule. Enveloppez-la dans du film alimentaire et réservez au réfrigérateur pendant 30 min.
2. Dans un bol, mélangez le beurre mou, la vanille et le sucre jusqu'à obtenir une crème. Ajoutez l'œuf, mélangez puis incorporez la poudre d'amandes et la crème fraîche. Mélangez jusqu'à obtenir un mélange homogène, puis réservez.
3. Sur un plan de travail fariné, étalez la pâte sur 4 mm d'épaisseur puis foncez un moule à tarte de 28 cm. Piquez le fond avec une fourchette et versez la crème d'amandes sur le fond de pâte. Réservez au réfrigérateur.
4. Préchauffer le four à 170 °C.
5. Lavez les tiges de rhubarbe et détaillez-les en tronçons de 4 cm, puis répartissez les tronçons de rhubarbe de façon géométrique sur la crème d'amandes en jouant sur les nuances de couleur.
6. Saupoudrez de sucre vanillé et enfournez pendant 40 min. Recouvrez d'une feuille de papier cuisson à mi-cuisson. Servez tiède ou froid.

· 45 ·

TARTE *aux pommes*

TARTE
aux pommes

20 min + 20 min | 20 min + 40 min | 2 h | 8 personnes

INGRÉDIENTS

Pour la compotée de pommes

- *9 pommes*
- *30 g de sucre*
- *1 cuill. à café de vanille en poudre*
- *1 cuill. à soupe d'eau*
- *Jus de ½ citron*

Pour la pâte sablée

- *100 g de sucre glace*
- *1 œuf*
- *125 g de beurre*
- *250 g de farine*
- *1 pincée de fleur de sel*

Pour le dressage

- *1 sachet de sucre vanillé*

1. Pelez et détaillez 3 pommes en cubes. Dans une casserole, placez les pommes, le sucre, la vanille, l'eau et le jus de citron et faites cuire à feu doux en remuant régulièrement pendant 20 min. Retirez du feu et laissez refroidir.
2. À l'aide d'un batteur, mélangez le sucre glace et l'œuf. Ajoutez le beurre mou et mélangez jusqu'à obtenir un mélange crémeux. Incorporez la farine, la vanille et le sel, et mélangez jusqu'à obtenir une pâte homogène.
3. Formez une boule, enveloppez-la dans du film alimentaire et réservez au réfrigérateur pendant 2 h.
4. Préchauffez le four à 170 °C.
5. Sur un plan de travail fariné, étalez la pâte sur 4 mm d'épaisseur puis foncez un moule à tarte de 28 cm. Piquez le fond de la pâte à l'aide d'une fourchette puis étalez la compotée de pommes.
6. Lavez les pommes et coupez-les en 2. Détaillez une demi-pomme en fines tranches et déposez-les harmonieusement sur la surface. Répétez l'opération avec le reste des pommes jusqu'à recouvrir toute la tarte. Saupoudrez de sucre vanillé et enfournez pendant 40 min.

ROSE
de crêpes

ROSE *de crêpes*

1 h 30 | 2 min | 24 h | 8 à 10 personnes

INGRÉDIENTS

Pour la ganache montée

- *200 g de chocolat blanc*
- *35 cl de crème liquide entière froide*
- *1 gousse de vanille*

Pour la pâte à crêpes

- *300 g de farine*
- *50 g de sucre*
- *50 g de cacao en poudre non sucré*
- *1 pincée de sel*
- *3 œufs*
- *50 cl de lait*
- *20 cl d'eau*
- *50 g de beurre*

Pour le montage

- *Pâte à tartiner*

1. Cassez le chocolat blanc en petits morceaux et placez-le dans un bol.
2. Dans une casserole, portez à ébullition 18 cl de crème liquide et la gousse de vanille fendue et grattée. Retirez du feu et versez sur le chocolat. Mélangez jusqu'à ce que le chocolat soit complètement fondu.
3. Ajoutez le restant de crème liquide bien froide et mélangez. Réservez au réfrigérateur pendant 3 h minimum.
4. Faites fondre le beurre au micro-ondes et laissez refroidir.
5. Dans un bol, réunissez la farine, le sucre, le cacao et le sel. Faites un puits, ajoutez les œufs battus et incorporez petit à petit le mélange farine/cacao. Versez petit à petit le lait et l'eau tout en continuant de mélanger pour éviter les grumeaux. Ajoutez le beurre fondu et mélangez jusqu'à obtenir une pâte lisse et homogène. Laissez reposer la pâte pendant 30 min.
6. Faites chauffer une poêle à crêpes à feu moyen et huilez-la. Versez une louche de pâte et étalez-la en inclinant la poêle pour former une crêpe fine. Faites cuire 2 min de chaque côté, répétez l'opération avec le reste de pâte jusqu'à obtenir 16 crêpes.
7. Placez un bol en acier et les fouets du batteur dans le congélateur pendant 15 min. Quand le bol est bien froid, versez la ganache (en retirant la gousse de vanille) et fouettez à vitesse lente puis augmentez la vitesse jusqu'à obtenir une ganache montée.
8. Étalez de la ganache sur la moitié d'une crêpe jusqu'à 1 cm du bord et pliez-la en deux. Répétez l'opération sur toutes les crêpes. Posez à plat un demi-cercle de crêpe, étalez de la pâte à tartiner sur la moitié puis faites chevaucher une demi-crêpe. Répétez l'opération 3 fois.
9. Roulez le tout en formant un boudin, c'est le centre de la rose. Répétez l'opération en ajoutant les crêpes une à une, en les collant avec de la pâte à tartiner. Terminez par entourer la rose avec un ruban pour qu'elle se tienne et réservez au réfrigérateur toute une nuit.

Au moment de servir, saupoudrez de cacao en poudre.

MADELEINES
à la vanille

MADELEINES à la vanille

20 min | 11 min | 30 min | 18 madeleines

INGRÉDIENTS

- *180 g de beurre*
- *4 œufs*
- *125 g de sucre*
- *20 g de miel*
- *1 cuill. à café de vanille en poudre*
- *50 g de crème fraîche*
- *200 g de farine*
- *50 g de fécule de maïs*
- *1 sachet de levure chimique*
- *1 pincée de sel*

1. Dans un bol, faites fondre le beurre au micro-ondes, réservez et laissez refroidir.
2. Dans un autre bol, fouettez les œufs avec le sucre, le miel et la vanille. Ajoutez la crème et mélangez.
3. Incorporez la farine tamisée, la fécule de maïs, la levure chimique et le sel et mélangez délicatement jusqu'à obtenir une pâte lisse et homogène.
4. Ajoutez le beurre fondu et refroidit et mélangez. Versez l'appareil dans une poche à douille puis remplissez vos empreintes à madeleines au trois quart. Placez au réfrigérateur pendant 30 min.
5. Préchauffez le four à 215 °C.
6. Enfournez les madeleines puis baissez la température à 200 °C. Faites cuire pendant 5 min. Baissez de nouveau le four à 160 °C et faites cuire pendant 6 min.
7. Sortez les madeleines du four, démoulez-les et laissez-les refroidir sur une grille.

TIRAMISU
fruits rouges et citron vert

TIRAMISU
fruits rouges et citron vert

20 min | 24 h | 4 personnes

INGRÉDIENTS

- *4 œufs*
- *100 g de sucre*
- *2 citrons verts*
- *250 g de mascarpone*
- *100 g de sucre*
- *500 g de fraises*
- *500 g de myrtilles*
- *500 g de framboises*
- *Quelques feuilles de menthe*

1. Séparez les blancs des jaunes. Dans un bol, fouettez les jaunes d'œufs avec 75 g de sucre et le zeste d'un citron vert jusqu'à ce que le mélange blanchisse et double de volume.
2. Incorporez le mascarpone et mélangez délicatement.
3. Dans un bol, montez les blancs en neige en incorporant les 25 g de sucre restants en 3 fois.
4. Incorporez délicatement à l'aide d'une spatule les blancs montés en neige au mélange de mascarpone.
5. Lavez les fruits rouges et équeutez les fraises.
6. Dans le fond d'une verrine, disposez quelques fraises, myrtilles et framboises, puis versez la crème à mi-hauteur. Répétez l'opération en finissant par la crème. Lissez à l'aide d'une spatule et réservez au réfrigérateur toute une nuit.
7. Au moment de servir, décorez avec quelques fruits rouges, parsemez de zestes de citron vert et de feuilles de menthe lavées.

TARTE RUSTIQUE

nectarines et framboises

TARTE RUSTIQUE
nectarines et framboises

30 min | 30 min | 1 h | 6 personnes

INGRÉDIENTS

Pour la pâte sucrée

- *130 g de beurre mou*
- *75 g de sucre roux*
- *1 œuf*
- *220 g de farine*
- *1 pincée de sel*
- *30 g de poudre d'amandes*

Pour la garniture

- *6 nectarines*
- *1 cuill. à café de vanille en poudre*
- *25 g de fécule de maïs*
- *Jus d'½ citron vert*
- *30 g de poudre d'amandes*
- *125 g de framboises*
- *1 sachet de sucre vanillé*
- *90 g de sucre glace*

1. Dans un bol, mélangez le beurre mou et 50 g de sucre. Ajoutez l'œuf, puis la farine, le sel et la poudre d'amandes. Travaillez rapidement jusqu'à obtenir une boule homogène. Couvrez de film alimentaire et réservez au réfrigérateur pendant 1 h.
2. Préchauffez le four à 170 °C.
3. Lavez les nectarines et coupez-les en 8 quartiers. Dans un bol, mélangez-les avec le sucre et la vanille, la fécule de maïs et le jus de ½ citron vert.
4. Sur un plan de travail fariné, étalez la pâte sur 4 mm d'épaisseur et découpez un cercle de 30 cm.
5. Déposez le cercle de pâte sur une plaque de cuisson recouverte de papier sulfurisé, et saupoudrez-la de poudre d'amandes en laissant un bord de 4 cm. Écrasez la moitié des framboises avec une fourchette et ajoutez-les sur la pâte. Versez les nectarines et rabattez les bords de la pâte sur la garniture. Saupoudrez d'un sachet de sucre vanillé.
6. Enfournez pour 30 min. Sortez la tarte du four et laissez refroidir. Au moment de servir, parsemez des framboises restantes et saupoudrez de sucre glace.

MOUSSE AU *chocolat et poires confites*

MOUSSE AU *chocolat et poires confites*

30 min | 20 min | 30 min + 3 h | 6 personnes

INGRÉDIENTS

- *6 poires*
- *1 l d'eau*
- *250 g de sucre*
- *1 gousse de vanille*
- *6 œufs*
- *200 g de chocolat noir*
- *40 g de sucre*

1. Épluchez les poires en gardant la queue.
2. Dans une casserole, portez à ébullition l'eau, le sucre et la gousse de vanille fendue et grattée. Réduisez le feu, ajoutez les poires et laissez cuire à feu moyen pendant 20 min.
3. Retirez les fruits de la casserole et récupérez 150 g de sirop. Laissez refroidir les poires.
4. Faites fondre le chocolat au bain-marie en remuant régulièrement jusqu'à ce qu'il soit lisse et fondu.
5. Laissez refroidir quelques minutes.
6. Dans une casserole, portez à ébullition les 150 g de sirop.
7. Séparez les blancs des jaunes. Dans un bol, fouettez les jaunes avec le sirop chaud jusqu'à ce que le mélange blanchisse et double de volume.
8. Incorporez le chocolat fondu (mais pas chaud) et mélangez.
9. Fouettez les blancs en neige en incorporant le sucre en 3 fois et en augmentant la vitesse entre chaque ajout de sucre.
10. À l'aide d'une spatule, incorporez délicatement une partie des blancs en neige dans la préparation au chocolat en soulevant délicatement la masse pour ne pas casser les blancs. Répétez l'opération en incorporant le reste des blancs, 2 cuillères par 2 cuillères.
11. Versez le mousse aux deux tiers dans des verrines pouvant recevoir la poire confite, puis déposez celles-ci au centre. Réservez au réfrigérateur pendant au moins 3 h avant de déguster.